DELIUS KLASING

Ralf Schröder

HURTIGRUTEN

Mit dem Postschiff von Bergen nach Kirkenes

Delius Klasing Verlag

Bibliografische Information Der Deutschen Bibliothek

Die Deutsche Bibliothek verzeichnet diese Publikation in der Deutschen Nationalbibliografie; detaillierte bibliografische Daten sind im Internet über »http://dnb.ddb.de« abrufbar.

2. Auflage
ISBN 3-7688-1543-9

Alle Fotos (einschließlich Schutzumschlag) stammen vom Autor bis auf die Motive auf den Seiten 8 o. l., 50/51, 82/83 und 140/141: Udo Haafke
Schutzumschlaggestaltung: Ekkehard Schonart
Lithografie: scanlitho teams, Bielefeld
Druck: Kunst- und Werbedruck, Bad Oeynhausen
Printed in Germany 2004

Delius Klasing Verlag, Siekerwall 21, D - 33602 Bielefeld
Tel.: 0521/559-0, Fax: 0521/559-115
E-Mail: info@delius-klasing.de
www.delius-klasing.de

Inhalt

Einleitung

Kaum ein Liniendienst kann auf eine solch lange, ununterbrochene Geschichte zurückschauen wie Hurtigruten. Sie begann 1893, als Kaufleute im Norden Norwegens den Absatz ihrer Produkte verbessern wollten. Ein kombinierter Fracht- und Passagierdienst wurde aufgenommen, der zunächst Trondheim und später Bergen im Süden des Landes mit den Lofoten, den Vesterålen, mit Tromsø und den Dörfern der Finnmark verband. Die Schiffe und Reedereien mögen gewechselt haben, der Routenverlauf leicht geändert worden sein, aber die »Express-Linie« blieb sich über hundert Jahre treu: Hurtigruten ist eine tägliche,

Die elegante Trollfjord *auf ihrer südgehenden Fahrt von Stokmarknes auf den Vesterålen hinein in den schmalen Raftsund nach Svolvær.*

zuverlässige Schiffsverbindung für Passagiere und Fracht entlang der norwegischen Küste. Und weil die Schiffe Post transportierten, bekamen sie alsbald einen Beinamen: die Postdampfer.
Über siebzig Jahre war Hurtigruten das wichtigste Verkehrsmittel für die Nordnorweger. Erst mit der Popularisierung der Luftfahrt und dem steten Ausbau des Straßennetzes gab es zunehmend Alternativen zum Seeweg. Heute gelangt die Post per Flugzeug nach Kirkenes, Hammerfest oder Tromsø. Die Menschen haben es eilig, sie nehmen den Flieger, um vom hohen Norden in die Hauptstadt Oslo zu kommen. Die meiste Fracht wird von großen Lastwagen über die Europastraße transportiert. Hurtigruten ist nicht mehr die »Reichsstraße Nummer 1« wie noch in den sechziger Jahren, das Passagieraufkommen ist

Wenn im März die Tage wieder länger werden, ist eine Fahrt entlang der Küste besonders reizvoll.

Die Finnmarken *schiebt sich langsam vorbei an der Mole durch die geschützte Einfahrt von Svolvær.*

zurückgegangen. Aber es gibt neue Gäste: Urlauber aus aller Welt haben die 2500 Seemeilen lange Fahrt mit den »Postdampfern« als legere, urtümliche Alternative zu einer Kreuzfahrt entlang der spektakulären norwegischen Küste entdeckt.
Die jüngste Schiffsgeneration ist mit den »Postdampfern« vergangener Zeiten nicht mehr zu vergleichen. Komfortable Kabinen und großzügige Panorama-Salons sind das Kennzeichen der modernen Schiffe, die sich in ihrer Ausstattung durchaus mit kleinen Kreuzfahrtschiffen messen können. Der Tourismus ist zur wichtigsten Einnahmequelle der Hurtigruten geworden.
Trotz aller Neuerungen hat Hurtigruten seinen Platz im Alltag der Küstenbevölkerung behalten, denn es gibt immer noch genügend Orte, von denen es weit bis zum nächsten Flughafen oder gar zu einer Bahnstation ist. Die Schiffe werden von den Einheimischen weiterhin wie ein Fährschiff benutzt, auch, weil die modernen Linienschiffe bis zu fünfzig Autos mitnehmen können. Und in jedem Hafen warten Gabelstapler auf die Fracht. Am Heck der Schiffe weht immer noch die Postflagge. Genau diese Mischung macht den unvergleichlichen Reiz einer Seereise mit Hurtigruten aus.

Breite Sunde trennen an der Küste der Provinz Nordland die Inseln vom Festland.

Die Vesterålen *zählt zur mittleren Generation der Hurtigruten-Schiffe*

Mächtig schieben sich die Berge an der Küste von Nord-Trøndelag in das Meer.

Der 1888 erbaute Leuchtturm Kjeungskjær ist 20,6 Meter hoch und liegt an der Küste von Sør-Trøndelag.

Norwegens Küste

Zerklüftet ist Norwegen wie kaum ein anderes Land Europas. Hohe Berge trennen die Täler, lange Meeresarme reichen bis tief in die mit Schnee bedeckten Fjells hinein. Droben bleibt die weiße Pracht oft bis über den kalendarischen Sommeranfang hinaus liegen – eine raue Natur, ein herbes Klima kennzeichnen Norwegen. Was für mitteleuropäische Besucher den besonderen Reiz ausmacht, war und ist für die Einheimischen ein notorisches Verkehrshindernis: Bergketten, die bis ins Meer reichen. Man stelle sich dieses Land im 19. Jahrhundert vor, als die Waren noch über Säumerpfade transportiert werden mussten. Welch mühsames Geschäft für die Bauern, für die Händler, aber auch für die Beamten und Steuereintreiber! Ganzjährig passierbar war nur ein Weg nach Norden: der Seeweg.
Dank des warmen Golfstromes bleibt Norwegens Küste auch in strengen Wintern weitgehend eisfrei. Nur über das Wasser konnte man jahrhundertelang die Dörfer und Ortschaften an der Küste erreichen. Kein Wunder, dass sich hier die wichtigsten Städte entwickelten: Die sechs größten Städte des Landes, Oslo, Bergen, Trondheim, Stavanger, Kristiansand und Tromsø, haben alle einen direkten Zugang zum Meer. Geschützt liegen sie an Fjorden, in Buchten; Inseln und Schären halten Wellen und Sturm ab. Im Binnenland gibt es keine großen Städte. Die Topographie hat die Norweger zu einem Volk von Seefahrern gemacht. Sieht man einmal von den fruchtbaren Tälern im Osten des Landes ab, wo man von der Landwirtschaft durchaus leben konnte, war die Küstenbevölkerung immer auf die Fischerei als Zweiterwerb angewiesen. Den »blauen Acker« hat man das Meer auch genannt. Fisch war und ist ein Exportartikel. Alle Arten der Haltbarmachung sind in Norwegen vertreten gewesen: In Stavanger war man auf Konservendosen spezialisiert, in denen kleine Heringe abgepackt wurden. An der Küste der Region Nordland war Klippfisk weit verbreitet, also Fisch, der auf den Klippen an der Luft getrocknet wurde. Das gleiche Prinzip wird bis heute beim Stockfisch angewendet. Der Dorsch hängt vom Fang im Frühjahr etwa drei Monate, bis er stocksteif ist und exportiert werden kann.
Bis in die fünfziger Jahre des 20. Jahrhunderts war Norwegen eine Agrargesellschaft am Rande Europas, mit einem bescheidenen Lebensstandard und einer schwachen Ver-

Durch diesen Sund zwischen der Insel Vikna und dem Festland laufen die Postdampfer Rørvik an.

Ein Fischkutter auf dem Heimweg in der Inselwelt der Lofoten (vorhergehende Doppelseite).

kehrsinfrastruktur. Straßenbau war aufwändig und Zeit raubend, denn die Mehrzahl der bedeutenden Siedlungen liegt an der bergigen Küste. Mit den Ölfunden in der Nordsee Anfang der sechziger Jahre begann für Norwegen ein neues Zeitalter – mit einem Schlag war das Land im Norden in der Neuzeit angekommen. Mit dem Öl kam das Geld, um neue Straßen über die Berge und an den steilen Hängen der Fjorde zu bauen. Bis in die achtziger Jahre hinein gab es Dörfer in Nordnorwegen, die keinen Straßenanschluss hatten. Inzwischen hat fast jede Insel an der Küste ihre Brücke bekommen, doch das Ziel wurde verfehlt: Die Behörden hatten geglaubt, der Lebensstandard der Küstenbewohner werde so erhöht, die Entsiedelung der abgelegenen Fischerdörfer würde gestoppt. Das Gegenteil war vielerorts der Fall: Über die Brücke kam man schneller weg!

Wenn in Norwegen von guter Verkehrsanbindung die Rede ist, sagt man, der Ort habe »gode kommunikasjoner«, eine gute Kommunikation. Damit sind Überlandstraßen gemeint, der Flugplatz, Buslinien und vielleicht sogar ein Bahnhof. Noch vor rund vierzig Jahren zählte nur eines wirklich: ein Schiffsanleger für die Postschiffe der Hurtigruten. Damals lagen die Städte und Dörfer an der Küste an der wichtigsten Verkehrsader Norwegens, heute hält man sie für abgelegen. Bis auf die Höhe von Trondheim wurde das Straßennetz in einem Tempo und einer Weise ausgebaut, die imponiert oder erschreckt – je nach Sichtweise.

Mächtig ragt der Berggipfel über dem Hafen von Reine auf den Lofoten auf.

In Bergen kümmert sich ein Verein um historische Segelschiffe.

Die Kong Harald *hat den Hafen von Trondheim nordgehend verlassen und passiert den breiten Trondheimsfjord.*

Vom Sjonfjellet hat man einen freien Blick auf die Inseln Lovund und Træna. Der Gipfel auf Lovund ist 619 Meter hoch!

Kyststamvegen, die Küstenstammstraße, heißt das ehrgeizige Projekt, eine Straßenverbindung von Kristiansand bis nach Trondheim entlang der Küste fährenfrei zu realisieren. Gigantische Tunnel wurden nicht nur durch Berge gebohrt, sondern teilweise auch unterseeisch angelegt. Bestimmte Fährlinien im Fjordland werden nur noch im Sommer betrieben, nur für die Touristen. Die Einheimischen bevorzugen die Tunnel, denn dort kommt man schneller voran.

Doch nördlich von Trondheim, wo das Land noch dünner besiedelt ist, wo die Wirtschaftskraft abnimmt, da sind die Straßenbauprojekte weniger ambitioniert. Und damit steigt die Bedeutung von Hurtigruten. Das hat Geschichte, wurde doch die Linie gegründet, um dem Norden Norwegens bessere wirtschaftliche Chancen zu ermöglichen. Für Nordnorwegen ist Hurtigruten mehr als eine aus Sentimentalität gepflegte Traditionslinie, mehr als ein Touristen-Shuttle, mehr als eine Fähr- oder Frachtverbindung: Die Schiffe sind der vitale Lebensnerv der Küste, sie halten den alten Seeweg offen – Tag für Tag.

Fährt man die Reichsstraße 17 entlang der Küste, müssen viele Fjorde überquert werden.

Einer der zahlreichen kleinen Fähranleger an der Küste, wo Geduld für die Wartezeit aufgebracht werden muss.

Die Strömung am Gezeitenstrom Saltstraumen ist gewaltig.

Immer wieder sieht man an den Ufern die großen Lagerhäuser stehen. Sie stammen aus der Zeit, als die meisten Waren noch auf dem Seeweg transportiert wurden.

Brücken wie diese über den Kjellingstraumen haben manch eine Fähre überflüssig gemacht.

Was dem Autofahrer die Garage, ist den Bootsbesitzern das Bootshaus.

Rorbuer wie die in Mortsund auf den Lofoten sind eine bequeme Unterkunft für Urlauber.

Die weiße Kirche liegt exponiert auf einer Landzunge im Austnesfjord auf den Lofoten (rechte Seite).

Bei solch dramatischen Lichtstimmungen stellt sich die Frage nach schönem Wetter nicht.

Die Trollfjord *macht im Hafen von Svolvær fest.*

Wind und Wellen haben das Gestein an der Küste von Andøya geformt.

Sie ist das Wahrzeichen von Tromsø geworden: die moderne Eismeerkathedrale mit ihrer eigenwilligen Architektur.

Wolken schieben sich über das Meer zwischen die Inseln der Lofoten.

Farben wie in der Karibik und Gipfel wie in den Alpen, aber nordnorwegische Temperaturen: die Strände bei Bleik auf den Vesterålen (folgende Doppelseite).

Wie alles begann: Die Anfänge der Hurtigruten

In den Bergenser Speicherhäusern wurde schon zur Hansezeit Stockfisch aus Nordnorwegen gelagert und gehandelt.

Die 1964 gebaute Lofoten *zieht ungeachtet aller Wellen ihren Weg entlang der Küste.*

»Vom Frühjahr 1893 oder eventuell zu einem späteren Zeitpunkt soll eine Post führende Expresslinie ihren Betrieb zwischen Trondheim und der Finnmark aufnehmen, einmal wöchentlich in jede Richtung, so dass die Route im Sommer bis Hammerfest (Nordkap) führt, im Winter jedoch nur bis Tromsø, oder alternativ bis Vadsø im Sommer und bis Hammerfest im Winter. Die Route soll einzig auf die Beförderung von Post und Passagieren sowie von eiligen Waren ausgerichtet sein, darunter frischer Fisch in einem Kühlraum. Die Dampfschiffe sollen eine Marschfahrt von 12 bis 13 Knoten erreichen. Angebote zur Übernahme der Dampfschifflinie wie beschrieben oder nach einem ähnlichen Plan können bei der Postverwaltung bis zum 31. Oktober eingereicht werden.«

So lautete der Text der offiziellen Ausschreibung 1892, in der eine Hurtigrute – also eine Expresslinie – vom norwegischen Staat gewünscht wurde. Die Initiative hatte August Kriegsmann Gran ergriffen, der als staatlich bestellter »Dampskibskonsulent« im norwegischen Innenministerium seit 1889 zuständig war für die Küstenschifffahrt, insbesondere die Postdienste.

Dies war die Stunde des Kapitäns Richard With aus Risøyhamn. Der Kaufmann und Kapitän war wie viele andere Unternehmer auf den Lofoten und Vesterålen nicht zufrieden mit der Verkehrsanbindung der Inselgruppe an die Handelsstädte Trondheim und Bergen. Zwar gab es seit mehreren Jahrzehnten Liniendienste in den Süden Norwegens, im Sommer sogar mehrfach wöchentlich, aber die Schiffe brauchten zu lange für die Route. Die beiden Reedereien Det Nordenfjeldske Dampskibsselskab aus Trondheim und Det Bergenske Dampskibsselskab waren die Marktführer und erhielten seit 1865 staatliche Zuschüsse dafür, dass sie ganzjährig die Post von Trondheim nach Hammerfest beförderten. Aber im Laufe der Jahre war die Zahl der Häfen angestiegen, 58 waren es auf der Route von Bergen nach Hammerfest. Von Häfen konnte dabei natürlich kaum die Rede sein, denn in den wenigsten Ortschaften gab es Kaianlagen. Meist lagen die Schiffe auf Reede, die Waren wurden mit

In Holzfässern wird heutzutage nur noch selten Fisch transportiert.

Auf den Schiffen der Nachkriegsgeneration musste die Fracht noch per Ladebaum an Bord geschafft werden.

örtlichen Tendern an Land geschafft. Das kostete Zeit. Bei Nacht wurde ebenso wenig gefahren wie bei schlechtem Wetter oder Nebel.
Immerhin: 1838 benötigte der Raddampfer *Prinds Gustav* nur zehn Tage für die Strecke von Trondheim bis Tromsø. Das war angesichts von nur vier Leuchttürmen auf der Route eine beachtliche Zeit. 1845 war die Fahrzeit von Trondheim bis Hammerfest auf sieben Tage verkürzt worden, 1872 hatte es kurzfristig sogar eine *Hurtigrute* gegeben – so hatte die Reederei Bergenske in Zeitungsanzeigen eine schnelle fünftägige Fahrt von Bergen nach Tromsø mit der *Finmarken* beworben. Die Technik der Dampfschiffe hatte sich wesentlich weiter entwickelt, von der Maschinenleistung her war die Fahrtzeit kein Problem. Aber das Navigieren in den anspruchsvollen Küstengewässern bei Dunkelheit war äußerst schwierig mit den spärlichen Hilfsmitteln, die den damaligen Kapitänen zur Verfügung standen.
Und genau an diesem Punkt setzte Richard With an. Zusammen mit dem Kaufmann William Hals, dem Bezirksarzt Jakob Georg Thode und dem Anwalt Ludvig Lumholtz hatte der Kapitän With im November 1881 die Reederei Vesteraalens Dampskibsselskab gegründet. Die meisten Kaufleute auf den Inseln hatten Aktien an der neuen Gesellschaft gezeichnet, so dass With das 1865 gebaute Dampfschiff *Arendal* in Ålesund beinahe kaufen konnte. 10.000 Kronen fehlten ihm am Preis, die Verkäufer aber wollten Bares sehen. So telegrafierte er nach Stokmarknes, wo sich seine drei Partner an den reichen Kaufmann Olaus Lokkert in Nyksund wendeten. Der lieh den ausstehenden Betrag gegen eine simple Quittung, der Kauf des ersten Schiffes von Vesteraalens Dampskibsselskab konnte abgeschlossen werden. Nur nebenbei bemerkt: Das große, einst so reiche Fischerdorf Nyksund ist heute eine Geisterstadt, in der sich die letzten Einwohner um den Erhalt der damals so prächtigen, mehrstöckigen Holzhäuser aus der großen Zeit des Fischfangs bemühen.
With und seine Mitgesellschafter setzten das auf den Namen *Vesteraalen* umgetaufte Dampfschiff ab 1882 alle 14 Tage auf einer Route von der Insel Senja über die Vesterålen und die Lofoten nach Bergen ein. Die Fracht brachte so gute Erträge, dass bereits im Herbst mit der *Lofoten* ein Neubau bestellt werden konnte.
Auf der *Vesteraalen* verrichtete Anders Holte seinen Dienst als Lotse ähnlich engagiert wie sein Kapitän, Richard With. Holte begann, den Kurs der *Vesteraalen* penibel aufzuzeichnen, With unterstützte ihn in dem Vorhaben. 1883 war bereits die halbe Strecke nach Bergen minutiös erfasst: Nach wie viel Minuten muss der Kurs um wieviel Grad geändert werden? Welche vor Wind geschützten Passagen zwischen Inseln hindurch ergeben einen Zeitvorteil? Holte und With optimierten den Kurs und zeichneten ihn so auf, dass sie auch nachts fahren konnten, obwohl die Seewege nicht oder kaum befeuert waren. Schon bald war die *Vesteraalen* das Schiff mit der

kürzesten Fahrtzeit zwischen Bergen und den Lofoten. Das blieb auch Gran, dem »Dampfschiffbeauftragten« des Innenministeriums, nicht verborgen, der Chancen für eine schnellere Verbindung sah, als sie Nordenfjeldske und Bergenske boten. Als ehemaliger Lehrer an Seemannsschulen und Autor eines Standardwerkes über die Navigation wusste er die Qualitäten von With und Holte zu schätzen.
Auf die Ausschreibung 1892 bewarb sich nur Vesteraalens Dampskibsselskab, die beiden großen Reedereien aus Trondheim und Bergen zeigten kein Interesse an der Expresslinie, weil sie mit dem so genannten »kombinierten Verkehr«, also der Mischung aus Fracht, Passagieren und Post gut Geld machten. Für sie gab es zunächst keinen Grund, schneller zu fahren.
With hingegen bot dem Innenministerium an, die Strecke von Trondheim nach Svolvaer auf den Lofoten in 34 Stunden zurückzulegen. Man könne das gesamte Jahr hindurch fahren, auch nachts. Diese Ankündigung stieß zwar auf Skepsis, schließlich erhielt Withs Reederei aber doch einen Dreijahres-Vertrag, der mit 70000 Kronen staatlichem Zuschuss jährlich dotiert war.
Inzwischen hatte die junge Reederei bereits ihr erstes Schiff durch einen Neubau ersetzt, der wiederum den Namen *Vesteraalen* trug. Das erst ein Jahr alte Schiff kam sofort nach der Entscheidung nach Bergen in die Werft, um für die neue Aufgabe umgebaut zu werden.
Am Sonntag, dem 2. Juli 1893, legte die *Vesteraalen* von der Öffentlichkeit nahezu unbemerkt morgens um acht Uhr in Trondheim ab. Nur neun Anläufe absolvierte das Schiff, bevor es in Hammerfest am Mittwoch um 3.30 Uhr morgens festmachte. Zwei Tage hatte man bis Tromsø benötigt, Hammerfest war am vierten Tag eine halbe Stunde früher als geplant erreicht. Dort herrschte Feststimmung, die ganze Stadt war auf den Beinen, aber um 7.30 Uhr ließ With sein Schiff schon wieder in See stechen für die Rückfahrt nach Trondheim.
Diese kurzen Fahrtzeiten waren eine kleine Revolution in der norwegischen Küstenschifffahrt. Zu verdanken waren sie den präzisen Aufzeichnungen von Anders Holte, die den Nachtfahrten den Schrecken nahmen. Selbst im Winter, bei Nebel und Schneetreiben, wurde der Fahrplan exakt eingehalten. Hurtigruten war geboren.

Jennestad Handelssted war auf den Vesterålen eine der großen Handelsstationen, wo die Inselbevölkerung alles für ihren Lebensunterhalt bekam.

Wenn der Dorsch kommt

Die norwegische Fischereiaufsicht sorgt für die Einhaltung der Spielregeln bei der Lofotfischerei.

Bis in den Juni hinein hängt der Himmel auf den Lofoten voller Dorsche.

Bizarr liegen sie im Wasser: Die hohen Felswände der Lofoten, ragen steil in den Himmel, als wollten sie die niedrig hängenden Wolken mit ihren schroffen Felsen ankratzen. Dass an den Ufern dieser kargen Inseln Dörfer liegen, dass auf diesen unwirtlich scheinenden Eilanden Menschen leben, mag man bei einem Blick vom Schiff aus der Ferne zunächst kaum glauben. Und doch: Rund 25000 Einwohner zählen die Lofoten, die traditionell vom Fischfang leben. Mögen die Lofoten von der Natur auch mit wenig Ackerland und spärlichen Weiden bedacht worden sein, die Fischgründe machen diesen Nachteil wieder wett. Es sind die ersten drei Monate des Jahres, wenn der Dorsch kommt, die seit Jahrhunderten über den wirtschaftlichen Erfolg, über Wohlstand oder Armut entscheiden. Die »Lofotfiske« ist eine der größten Saisonfischereien in Europa, wenn nicht der Welt. Seit über tausend Jahren ist die Lofotfischerei nachzuweisen, vermutlich gibt es sie noch länger.

Vor tausend Jahren schliefen die meisten Fischer unter ihren umgedrehten Booten an Land. Ein festes Haus über dem Kopf hatten die Wikinger in Borg, wo sich heute ein rekonstruierter Häuptlingshof befindet, vielleicht noch ein paar Einheimische. Doch die Lofotfischerei zog immer auch Fischer vom Festland an. König Øystein soll etwa 1120 angeordnet haben, dass für die Fischer Rorbuer gebaut werden sollten. Man vermutet, das Wort leitet sich von »ror« für Ruderer und »bo« für Wohnen her, also Unterkünfte für die Ruderer. Das Wort gibt es bis heute, doch die Behausungen sind bequemer geworden. Als Rorbu, Plural Rorbuer, bezeichnet man alle Formen von Hütten und Ferienwohnungen, die direkt am Wasser errichtet wurden. Heute sind sie komfortabel eingerichtet und – wie sollte es anders sein bei solch einem Meerblick – ausgesprochen beliebt bei Touristen.

Die meisten Urlauber reisen nur im kurzen Sommer auf die Inselgruppe. Und so können die Rorbuer von Januar bis März, wenn der Dorsch kommt, zumindest teilweise ihrer ursprünglichen Aufgabe als Unterkunft für Fischer dienen. Ihre Zahl hat sich mit den Dorschbeständen reduziert: Fingen im Rekordjahr 1951 noch 21981 Fischer in den drei Wintermonaten knapp 116000 Tonnen Fisch, sind es heute rund zweitausend Fischer, die

mit ihren Netzen ausfahren. In einem guten Jahr werden höchsten 20000 Tonnen Dorsch gefangen – von den Rekordzahlen der Fünfziger kann man auf den Lofoten nur noch träumen.
Riesige Trawler hat man hier nie eingesetzt. Meist sind es Fischkutter von einer Größe, wie sie auch an der deutschen Nord- und Ostseeküste im Einsatz sind. Der Job an Bord ist hart, zwischen drei und fünf Leute arbeiten im Team, manchmal Tag und Nacht, bis die Netze voll sind. In den kleinen Dörfern auf den Inseln Moskenesøya, Flakstadøya, Vestvågøy und Austvågøy liegen die Kutter dicht an dicht, bringen ihre Fracht an Land.
Dann beginnt das Aufhängen der Fische. Tørrfisk heißt Trockenfisch. Das ist der Oberbegriff für verschiedene Arten der Trocknung. Eine davon ist der Stockfisch, der nicht so heißt, weil er stocksteif wird, sondern weil er über Stöcke gehängt wird. Große Gerüste sind von Svolvær auf Austvågøy bis nach Å auf Moskenesøya nah am Ufer zu sehen, traditionell aus Holz gebaut. Den Dorschen wird der Kopf entfernt, dann werden sie zu zweit Schwanz an Schwanz festgebunden und über das Gestell gehängt. Routiniert gehen die Männer zur Sache, reichen die Dorsche mit Stangen weiter. Dicht an dicht hängen die Fischleiber auf den Gestellen, bis alle Reihen geschlossen sind. Das sieht dann aus der Ferne betrachtet aus, als hätten die Gestelle ein Dach bekommen. Wer sich wundert, warum die Möwen den toten Fisch in Ruhe lassen, muss nur einmal nah genug heran-

gehen: Meistens hängt irgendwo eine tote Möwe zwischen den Fischen. Und schon machen die anderen Möwen einen weiten Bogen um den trocknenden Dorsch.

Von den 20000 Tonnen gefangenem Frischfisch wurden 2002 rund 12000 Tonnen zu Trockenfisch verarbeitet. Die meiste Arbeit verrichtet der Wind: Drei Monate bleibt der Fisch hängen, trocknet langsam an der Luft aus. Dabei verliert er rund 70 Prozent Wasser. Während dieser Zeit hängt eine Dunstglocke über den Inseln, die an windstillen Tagen eine geduldige Nase erfordert. Glücklicherweise weht fast immer eine frische Brise.

Durch den Entzug der Feuchtigkeit wird der Stockfisch hart, sehr hart. Sich ein Stück mit den Fingern herauszubrechen, ist kaum möglich. »Nordnorwegischer Kaugummi« nennen die Südnorweger den von ihnen wenig geliebten Stockfisch abschätzig. Aber es gibt andere, die den getrockneten Dorsch als Delikatesse geradezu verehren. In katholischen Ländern spielt der Fisch in der Fastenzeit eine große Rolle. Wenn die italienischen Aufkäufer auf die Lofoten kommen, werden die roten Teppiche ausgerollt! Wer auf den Lofoten mit »Stoccafisso« handelt, muss italienisch lernen, das ist Pflichtfach für einen Fischverkäufer.

Nach Italien werden die besten Qualitäten verkauft, selbst die Bezeichnungen sind traditionell italienisch: Ragno, Westre Magro und Grand Premier heißen die besten Qualitäten für den norditalienischen Markt. Hollandese (Holländer) und Bremese (Bremer) gehen vornehmlich nach Süditalien. Weitere wichtige

Dicht an dicht drängen sich die kleinen Fischkutter im Hafen von Henningsvær gegen Ende der Lofotfischerei.

Tolle Aussicht, einsame Lage: Rorbu auf den Lofoten.

Absatzmärkte sind die USA, Portugal und einige afrikanische Länder wie Nigeria. Stockfisch hat einen hohen Nährwert, ein Kilo des getrockneten Dorsches entsprechen etwa fünf Kilo Lebendfisch.

Zubereitet wird Stockfisch auf sehr unterschiedliche Arten, eines ist aber klar: Zuerst muss er gewässert werden, damit man den steifen Dorsch überhaupt mit Messern zerteilen kann. Wer in Mailand ein Fischrestaurant aufsucht, findet bestimmt Bacalau, wie der Stockfisch auch heißt, auf der Karte. Auf den Lofoten sucht man ihn hingegen meistens vergeblich auf den Speisekarten. Die Einheimischen essen den Dorsch lieber frisch und zwar gekocht. Mit Salzkartoffeln und Rogen – pur sozusagen.

Früher mussten die Netze getrocknet werden, doch moderne Kunststoffnetze kann man auch so an Land lagern.

Oft ist im März die Sicht so klar, dass man von den Lofoten das Festland so gut erkennen kann, als läge es gleich nebenan.

Die Dorsche werden in unmittelbarer Nähe der Fischerdörfer, manchmal sogar mittendrin, aufgehängt. Der Geruch stört niemanden.

Von 1988 bis 1996 war Finnmarks Fylkesrederi als Eigner der Lofoten *an Hurtigruten beteiligt, dann schied die Reederei wieder aus.*

Grans Ausschreibung hatte zwei Abfahrten wöchentlich vorgesehen, mit der *Vesteraalen* allein konnte With die Bedingung nicht erfüllen. Gran nahm deswegen Verhandlungen mit Bergenske und Nordenfjeldske auf, die gemeinsam gegen den erbitterten Widerstand von With einen zweiten Hurtigruten-Vertrag bekamen. Vom 1. Juli 1894 an teilten sich die beiden großen Reedereien den Vertrag. Grans Nachfolger Horn vergab 1898 einen dritten Vertrag an Bergenske, doch diese Hurtigrute begann in Bergen, während die beiden anderen Verträge für die Route ab Trondheim galten. Eine weitere Neuerung war die damals so genannte Finnmarks-Hurtigrute: Zweimal wöchentlich wurden Verbindungen von Hammerfest nach Vadsø angeboten. Auch diesen lukrativen Staatsvertrag konnten sich Bergenske und Nordenfjeldske sichern. So gab es zu dieser Zeit drei verschiedene Hurtigruten: von Trondheim nach Hammerfest, von Bergen nach Hammerfest und von Hammerfest nach Vadsø.

Das war nichts Ungewöhnliches für die norwegische Küstenschifffahrt, vor allem für die vom Staat bezuschussten Postrouten. Schaut man sich das Jahr 1884 an, betrieben Bergenske und Nordenfjeldske insgesamt sechs Postrouten. Route 1 führte von Hamburg über Kristiansand, Bergen, Trondheim und Hammerfest nach Vadsø – dies war die so genannte Stammroute. Zweimal wöchentlich gab es Abfahrten aus Christiania, so hieß Oslo damals noch, die über Bergen die Küste nach Norden hinauf bis ans Nordkap führten. Anschlüsse

Auf den Nachkriegsschiffen wurden die Autos noch auf dem offenen Vordeck transportiert, während die Fracht durch eine Ladeluke in das Vorschiff abgelassen werden konnte.

gab es im Norden von den Lofoten und Vesterålen, aber auch vom Altafjord aus. Der Tourismus war 1884 schon so wichtig für Norwegen, dass es im Sommer zwei wöchentliche Abfahrten auf einer speziellen Touristenroute von Trondheim zum Nordkap gab!
Für Urlauber spielten die Hurtigruten in ihren ersten Jahren keine große Rolle, denn auf diesen Strecken ging es um den schnellen Transport, nicht um Sightseeing. Der vierte Hurtigruten-Vertrag kam 1907 zustande, er galt für die Route Bergen–Vadsø, der andere Vertrag von Bergen nach Hammerfest wurde bis Vadsø erweitert, die Finnmarks-Hurtigrute im Gegenzug eingestellt. Nun war es nur noch ein kleiner Schritt, bis die Streckenführung am 1. Oktober 1908 bis nach Kirkenes verlängert wurde. Damit wurde erstmals die bis heute gültige Streckenführung von Bergen bis Kirkenes befahren!

Tjøtta ist eine grüne Insel zwischen Brønnøysund und Sandnessjøen.

FINNMARKEN

In Stokmarknes beherbergt das Hurtigrutens Hus ein Hotel sowie das Hurtigruten-Museum.

Die 1956 bei Blohm & Voss in Hamburg gebaute Finnmarken *wurde an Land verholt und ist nun Teil des Museums.*

Die Nordstjernen *gilt bis heute als eines der schönsten Hurtigrutenschiffe der Nachkriegszeit. Auf dem Bild ist sie am Kai von Ålesund zu sehen. Mittlerweile ist sie nicht mehr im Liniendienst tätig, sondern führt Kreuzfahrten rund um Spitzbergen durch.*

Auf der Vesterålen *wird altes Mobiliar ausgemustert. Alle Schiffe der Hurtigruten werden regelmäßig modernisiert und überholt.*

Für Seeleute ist ein Schiff an Land ein trauriger Anblick.

Drei ganz verschiedene Schiffstypen liegen in Stokmarknes vereint am Kai: Vorn zwei regionale Fährschiffe, die außer Dienst gestellt wurden, dahinter die museale Finnmarken *an Land, im Hintergrund die* Vesterålen.

Die Kong Olav *auf einer ihrer letzten winterlichen Fahrten.*

Auch von den kleinen Fjordfähren im Verlauf der Reichsstraße 17 südlich von Bodø ergeben sich interessante Ausblicke auf die Küste (folgende Doppelseite).

Nostalgisches Treffen zwischen einer Fjordfähre bei Ørnes und der Lofoten *auf dem Weg nach Norden.*

Die offenen Rettungsboote kamen auf den meisten Hurtigrutenschiffen seit dem Zweiten Weltkrieg nur zu Übungszwecken zum Einsatz.

Wie mag es hier erst bei Sturm aussehen? Mit den neuen, großen Schiffen sind die offenen Passagen kein Problem mehr (rechte Seite).

Als 1909 die Bahnstrecke von Oslo nach Bergen eingeweiht wurde, war klar, dass zukünftig Bergen der südliche Ausgangspunkt von Hurtigruten sein würde. Schnelle Züge nach Oslo, Schiffsverbindungen nach Newcastle und Hamburg – die alte Hansestadt hatte (wieder) eine zentrale Stellung erlangt . Den fünften Vertrag bekam 1911 wieder Vesteraalens Dampskibsselskab, die 1912 mit der *Finmarken* einen Neubau auf die Strecke Bergen–Kirkenes brachte, der Maßstäbe setzte. Für einige Jahre war die *Finmarken* das schnellste Hurtigrutenschiff. Ihr Kapitän Hegge schien mit seinem Schiff eins zu sein, zumindest, wenn man den kolportierten Anekdoten Glauben schenkt. Folgender Dialog ist vom einem Anlauf des Hafens von Svolvaer auf den Lofoten bei dichtem Nebel überliefert. Hegge: »Siehst Du was?« Ausguck: »Nein, der Nebel ist zu dicht!«. Der Kapitän stoppt das Schiff einen Moment später. »Kannst Du noch nichts sehen?« Ausguck: »Nein, gar nichts.« Hegge: »Gut, dann streck mal Deine Hand seitlich raus und sag mir, was Du fühlst.«

Ausguck: »Holz.« Das Schiff hatte den Kai erreicht (zitiert nach Mike Bent).
Richard With war inzwischen nicht mehr als Kapitän tätig, er saß als Abgeordneter im Storting, dem norwegischen Parlament, in Oslo. Er griff noch zweimal in die Geschichte der Hurtigruten ein: 1912 argumentierte With erfolglos dafür, dass Hurtigruten von Bergen nach Newcastle verlängert werden sollte. Die beiden großen Reedereien hatten gemeinsam einen Liniendienst von Trondheim über Bergen und Stavanger nach Newcastle eingerichtet. Bei einer Verlängerung der Hurtigruten hätte man sich das Umschlagen der Waren erspart, aber das Parlament stimmte nach langer Debatte dagegen. Wichtiger für With war aber der Erfolg einer ganz alten Petition. Bereits 1875 hatte er sich dafür stark gemacht, dass die Risøyrinne zwischen Sortland und Risøyhamn ausgebaggert werden sollte. Am 23. Juni 1922 war es endlich soweit, die Rinne war verbreitert und vertieft. Seither fahren die Hurtigrutenschiffe durch die Risøyrenna. Der Streckenverlauf der Hurtigruten, wie er bis heute Gültigkeit hat, war fertig.

Mit der Fähre auf dem Weg von der Insel Hamarøy zu den Lofoten.

Die Vesterålen *ist südgehend unterwegs von ihrem Heimathafen Stokmarknes auf den Vesterålen hinüber zu den Lofoten.*

Die Landschaft auf den Lofoten ist keineswegs nur rau, es gibt auch flache Abschnitte wie hier bei Hanøy.

Rørvik ist eine der Inselgemeinden, die stark vom Wegzug der Menschen betroffen ist. Mithilfe der Hurtigruten-Passagiere soll nun ein Küstenmuseuem etabliert werden.

Die modernen Hurtigruten

Auf dem Weg zu neuen Ufern

Die schnellen Liniendienste der Hurtigruten entwickelten sich zu Beginn des 20. Jahrhunderts zunehmend zur Hauptverkehrsader für den Norden, der langsamere, so genannte »kombinierte Verkehr« mit Passagieren, Fracht und Post verlor an Bedeutung. Das lag vor allem daran, dass die fünf Hurtigruten immer mehr Häfen in ihren Fahrplan aufnahmen. Ab 1914 begannen alle Hurtigruten-Schiffe ihre Fahrt gen Norden in Bergen.

Trotz der Rückschläge, die der Erste Weltkrieg und die folgende Weltwirtschaftskrise für die Hurtigruten-Reedereien mit sich brachten, wurde die Verbindung nie völlig eingestellt. Das Kohle-Embargo der Briten im Ersten Weltkrieg, die Schiffsverluste durch den U-Boot-Krieg, die Nachkriegs-Rezession, Konkurrenz durch andere norwegische Reedereien: Alle Schwierigkeiten wurden überwunden. Mit dem Sechs-Jahres-Vertrag vom 1. Juli 1936 wurden zum ersten Mal in der Geschichte der Expresslinie tägliche Abfahrten ab Bergen festgeschrieben. Dafür waren 14 Schiffe nötig, die von sechs verschiedenen Reedereien gestellt wurden. Viele der Postdampfer waren Neubauten aus den Zwanzigern und Dreißigern, aber auch einige gute alte Bekannte wie die *Midnatsol* von 1910 oder die *Erling Jarl* von 1895 fuhren noch in der Flotte mit. Das langsamste Schiff bestimmte den Fahrplan – keine glückliche Lösung für die Zukunft. Trotzdem wurde ein Rekordergebnis erzielt: Knapp 300000 Passagiere reisten 1938 mit den Postdampfern.

Im Zweiten Weltkrieg wurde die Flotte nahezu vollständig zerstört. Nur drei Schiffe aus der Vorkriegszeit waren 1945 noch einsatzbereit: Die im Kriegsjahr 1942 in Dienst gestellte *Sigurd Jarl*, die *Lofoten* von 1932 und die alte *Finnmarken* von 1912 waren von Minen, Bom-

Wenn ein Hurtigruten-Schiff festmacht, gibt es immer Seh-Leute an Land.

Die Polarlys *hat die Brücke passiert und läuft den Hafen von Rørvik an.*

bern und U-Booten verschont geblieben. Ersatzschiffe wurden gesucht und gefunden, Alter und Geschwindigkeit spielten dabei kaum eine Rolle. Es war schwer genug, überhaupt halbwegs passende Tonnage zu finden. Die Folge war eine inakzeptable Fahrtzeit für eine Expresslinie: 1937 hatten die Schiffe den Abschnitt zwischen Trondheim und Hammerfest in 65 Stunden zurückgelegt, 1947 waren es hingegen volle 83 Stunden. In dieser katastrophalen Ausgangsposition lag aber auch eine Chance: Nun konnte der Traum einer einheitlichen Flotte verwirklicht werden. Es gab keinen Zweifel – ein Neubau-Programm musste her.

Pläne dafür hatte es bereits vor dem Zweiten Weltkrieg, aber auch während der Kriegsjahre gegeben. Vier Reedereien hatten 1945 den Betrieb wieder aufgenommen und verhandelten mit dem Innenministerium über Zuschüsse und Konstruktionspläne. Frei nach dem Motto »Wer zahlt, bestimmt« hatten das norwegische Parlament und die Regierung ein gewichtiges Wort bei den Bauplänen mitzureden. Nach heftiger Debatte ging der Auftrag über vier Neubauten an die Werft Cantieri Navale Riuniti in Ancona. Jede der vier Reedereien bestellte ein Schiff in Italien. Da Bergenske und Nordenfjeldske aber mehr als nur einen Neubau benötigten, orderten sie zusätzlich drei Neubauten bei der Ålborg-Værft in Dänemark.

TROLLFJORD

Die Trollfjord *fährt seit dem Mai 2002 in der Flotte von Hurtigruten.*

Selbst enge Wendemanöver sind für die modernen Hurtigruten-Schiffe dank Seitenstrahlruder überhaupt kein Problem.

1949 wurde mit der *Erling Jarl* das erste der Italien-Schiffe in Dienst gestellt, es folgten die *Midnatsol*, die neue *Vesterålen* und als letzte 1950 die *Sanct Svithun*. Damit konnte ab 1950 wieder ein täglicher Dienst von Trondheim nach Kirkenes aufgenommen werden, fünf Mal wöchentlich wurde die Strecke nach Süden bis Bergen verlängert. 1951 und 1952 folgten die drei in Dänemark gebauten Schiffe *Polarlys*, *Nordlys* und *Håkon Jarl*. Wie schnell sich das deutsch-norwegische Verhältnis trotz der Besetzung im Zweiten Weltkrieg wieder normalisiert hatte, zeigte die Auftragsvergabe von drei weiteren Neubauten Mitte der Fünfziger an die Hamburger Werft Blohm & Voss. Hier entstanden 1956 die *Finnmarken*, die *Nordstjernen* und die *Ragnvald Jarl*. Damit waren endlich zehn nahezu baugleiche Schiffe auf Hurtigruten unterwegs. Die Passagierzahlen klettern auf nie für möglich gehaltene Höhen: 525387 Gäste reisten 1956 mit den Schiffen der Hurtigruten, der absolute Höchststand wurde 1962 mit knapp 570000 Reisenden erreicht. Es herrschten goldene Zeiten für die Postdampfer zwischen Bergen und Kirkenes.

Urlauber nutzen gern die Liegezeiten, um sich einmal kurz die Beine an Land zu vertreten.

Seitdem die neuen Schiffe an der Küste unterwegs sind, reisen auch die Einheimischen wieder öfter mit Hurtigruten.

Der Kai ist an der Küste ein Treffpunkt wie an Land der Marktplatz. Man schaut wer kommt und wer geht.

Aber auch in Friedenszeiten blieben die Reedereien nicht von Rückschlägen verschont. Das erste schwere Unglück traf die alte *Nordstjernen* (Baujahr 1937), die den Zweiten Weltkrieg als Verwundeten-Transporter der deutschen Kriegsmarine überstanden hatte. Das Schiff war am 22. September 1954 auf der nordgehenden Passage durch den Raftsund unterwegs, eine enge Seestraße zwischen den Lofoten und den Vesterålen. Um 2.10 Uhr morgens kam das Schiff vom Kurs ab und hatte Grundberührung. Dabei wurde der Rumpf aufgerissen. Für die Mehrzahl der 204 Passagiere ging das Unglück glimpflich aus. Nur fünf Menschen kamen ums Leben, als die *Nordstjernen* zwanzig Minuten später sank. Übler ging es aus, als 1958 auf der *Erling Jarl* ein Brand ausbrach, während sie in Bodø am

NORDKAPP

Kai lag. 14 Passagiere starben an Rauchvergiftung, weil sie das Schiff nicht mehr rechtzeitig verlassen konnten.
Der spektakulärste und zugleich letzte Verlust eines Hurtigruten-Schiffes geschah am 21. Oktober 1962. Die *Sanct Svithun* – sie war eines der »Italien-Schiffe« und gehörte der in Stavanger ansässigen Stavangerske Dampskibsselskab – war von Trondheim aus nach Norden unterwegs. Ihr nächster Hafen sollte Rørvik sein. Wie seinerzeit üblich, war ein Lotse an Bord. Es ist bis heute ungeklärt, ob der erst 17-jährige Rudergänger vielleicht die Kursangabe des Lotsen missverstanden hat oder ob der Lotse sich missverständlich ausgedrückt hat. Jedenfalls kam das Schiff völlig vom Kurs ab, fuhr hinaus auf das offene Meer. Als der Kapitän etwa 45 Minuten später den Fehler bemerkte, konnte man die eigene Position nicht exakt bestimmen. Es war dunkel, die Sterne nicht zu sehen. Mit reduziertem Tempo wurde ein neuer Kurs eingeschlagen. Um 21.55 Uhr lief die *Sanct Svithun* auf einen Felsen auf. Per Funk wurden Notsignale abgesetzt, Notraketen wurden gezündet. Um 22.45 Uhr begann das Schiff zu sinken, eine Viertelstunde später war es unter der Wasseroberfläche verschwunden.
An Land waren die Rettungssignale zwar empfangen worden, aber die *Sanct Svithun* hatte eine falsche Position angegeben. Das südgehende Schiff, die *Ragnvald Jarl* hatte das Löschen der Ladung in Rørvik direkt nach Eingang des Notrufs abgebrochen und war Richtung Gjæslingen aufgebrochen – zu der Posi-

Gleich wird die teilweise in Schweden gebaute Trollfjord *in den Raftsund einfahren, um dort einen kurzen Abstecher in den Trollfjord zu machen.*

NORDNORGE
NARVIK

Mit Gabelstaplern werden heute Lebensmittel und Fracht über eine Rampe in den Schiffsaufzug gebracht.

Die riesigen Klappen mit den eingebauten Rampen werden wie die Gangway hydraulisch bedient.

Je weiter man nach Norden kommt, umso wichtiger wird die Fracht für Hurtigruten. Hier die Nordnorge *am Kai von Hammerfest (linke Seite).*

tion, die im Notruf angegeben worden war. Es war nichts von dem verunglückten Schiff zu sehen. Drei Stunden später erreichte das erste Rettungsboot der *Sanct Svithun* die Insel Nordøya. Erst da wurde klar, dass das Unglück an einer ganz anderen Stelle stattgefunden haben musste. Bei dem Untergang kamen 42 Menschen ums Leben.

Die folgende Untersuchung ergab neben menschlichem Versagen als Grund für das Unglück, dass auch die Befeuerung der Inseln eine Mitschuld hatte: Das Leuchtfeuer von Grinna, das an der richtigen Route liegt, zeigte ein andauerndes weißes Licht. Das Leuchtfeuer von Nordøya, das Kapitän Klevland sah, als sie bereits weit ab vom Kurs waren, leuchtete vier Minuten durchgehend weiß und wurde dann einmal kurz unterbrochen. Man musste also sehr lange und genau hinschauen, um die beiden Leuchtfeuer unterscheiden zu können. Vermutlich waren also Kapitän, Lotse und Steuermann der Ansicht, sie wären nahezu wieder auf Kurs, als sie auf den Felsen aufliefen. Völlig aufklären ließ sich das Unglück nicht, denn Kapitän Klevland, der Lotse Tysnes und der Steuermann Solheim überlebten den Untergang nicht. Es hat seitdem nie wieder ein Schiff mit dem Namen *Sanct Svithun* auf Hurtigruten gegeben.

Dies war das letzte schwerwiegende Unglück eines Hurtigruten-Schiffes. Sicher hat es den einen oder anderen kleinen Unfall gegeben, aber das bleibt nicht aus, wenn die Schiffe jahrein, jahraus bei jedem Wetter die 2500 Seemeilen lange Reise von Bergen nach Kirke-

Wenn sich der Regen verzogen hat, entwickelt die nordnorwegische Küste eine ganz eigene sommerliche Schönheit.

nes und zurück antreten. Zumeist waren es Schäden, die man beim Auto als »Parkplatzbeule« bezeichnen würde. Zu verdanken ist dieses hohe Maß an Sicherheit nicht nur dem seemännischen Können der Besatzungen, sondern auch dem technischen Fortschritt.

Wo Anders Holte und Richard With sich noch auf eigene handschriftliche Aufzeichnungen verlassen mussten, konnten spätere Generationen von Kapitänen die Hilfe modernerer Kompasse sowie zusätzlicher Leuchttürme und Leuchtfeuer in Anspruch nehmen. Funkverbindungen zum Land kannte der Gründer Richard With auch noch nicht. All das ist Geschichte: Dank satellitengesteuerter Positionsbestimmung und elektronischer Seekarten kann heute die Position auf den Meter genau bestimmt werden. Lotsen gibt es nicht mehr auf den modernen Hurtigruten-Schiffen.

Typisch für den Hohen Norden: Jedes Haus hat seinen Anleger – schließlich ist der Wasserweg immer der wichtigste Zugang gewesen.

Nordnorwegische Kontraste: Ein moder-nes, schnelles Motor-boot vor grandioser Kulisse und einer majestätisch aus dem Tal herausziehenden Wolke.

Am Kai von Finnsnes liegt bereits die Fracht bereit, die für das nordgehende Schiff bestimmt ist.

Mit der Auslieferung der vier Neubauten *Harald Jarl, Lofoten, Nordnorge* und *Kong Olav,* die zwischen 1960 und 1964 in Dienst gestellt wurden, war das erste umfassende Neubau-Programm in der Geschichte der Hurtigruten abgeschlossen. Die Zeit der Ersatzschiffe war vorbei, seitdem gibt es nur noch Postdampfer, die speziell für diese Route gebaut wurden. Es sollte fast zwanzig Jahre dauern, bis eine neue Generation von Schiffen die Seereise entlang der norwegischen Küste antrat.

Aber der Höhepunkt der Entwicklung von Hurtigruten als Verkehrsmittel entlang der norwegischen Küste war bereits 1962 überschritten. Von diesem Jahr an sank die Zahl der Gäste stetig und zunehmend schneller. 1973 waren es erstmals weniger als 500000 Passagiere, 1979 wurde die Zahl von 400000 unterschritten. Drei Jahre später waren es nur noch 277000 Passagiere. Der norwegische Staat investierte in den Straßenbau, Brücken wurden gebaut. Lokale Autofähren schlossen die Lücken im Straßennetz über die Fjorde hinweg. Auch der Flugverkehr von den kleinen Lokalflughäfen nahm Hurtigruten Gäste weg. Der Generalverkehrsplan der Regierung Mitte der siebziger Jahre schlug vor, südlich von Bodø ausschließlich Fracht mit Hurtigruten zu befördern, nur im Norden sollten weiter Passagiere an Bord gehen können. Dies traf in den Anhörungen auf den erbitterten Widerstand der Kommunen und Regionen entlang der Küste, sodass der Plan fallen gelas-

Von Recylingdosen über Baumaterialien bis hin zum Altpapier nehmen die Schiffe der Hurtigruten alles mit. Selbst Tanks und Kanalrohre aus Beton werden an Bord transportiert.

sen wurde, bevor er im Parlament zur Abstimmung kam.
Ein Streitpunkt blieb die Größe der Schiffe. Die Regierung wollte kleinere Schiffe mit einer deutlichen Ausrichtung auf die Fracht, die Reedereien wünschten sich eine größere Passagierkapazität, weil sie auf den Tourismus setzen wollten. Mitten in diese Diskussionen platzte ein spektakulärer Ausstieg: Bergenske Dampskibsselskab verkaufte 1979 in einem Überraschungs-Coup seine Schiffe und Streckenrechte an Troms Fylkes Dampskibsselskab (TFDS). 85 Jahre hatte die Reederei aus Bergen Hurtigruten mit betrieben, nun der unerwartete Ausstieg durch den Verkauf an eine regionale nordnorwegische Reederei, die noch nie ein Hurtigruten-Schiff in ihrer Flotte gehabt hatte! Die vier verbliebenen Reedereien bestellten drei Schiffe, die in Norwegen

Windig, aber schön ist der Aussichtsplatz im Bug. Die meisten Schiffe haben einen Umlauf, von dem aus die Route gut zu überblicken ist.

Der Blick vom Berg Aksla über Ålesund lohnt den mühsamen Aufstieg (folgende Doppelseite).

Havøysund besteht aus ein paar Häusern und einem Anleger. Hier wird auch der Postsack noch mit dem Schiff gebracht.

An der Küste der Insel Hadseløya mit Blick auf die Lofoten (rechte Seite).

gebaut wurden: *Midtnatsol*, *Vesterålen* und *Narvik* hießen die 1982 und 1983 in Dienst gestellten Neubauten, die erstmals über eine seitliche Ladeluke verfügten. Bis dahin gab es vier Auto-Stellplätze auf dem Vordeck, die Verladung erfolgte per Kran. Nun konnten die Wagen über eine Rampe und einen Aufzug unabhängig von der Höhe des Kais einfach verladen werden. Schön waren die neuen Schiffe nicht, die Linienführung erinnerte wirklich stark an Frachtschiffe.

Vier der Nachkriegsschiffe wurden durch das neue Trio ersetzt, gleichzeitig wurde die Liegezeit in Bergen von eineinhalb Tagen auf acht Stunden gekürzt. So konnte ein Schiff eingespart werden. Elf Schiffe mussten ausreichen, um die Umläufe zu bewältigen. Aber mittelfristig standen die Hurtigruten-Reedereien erneut vor der Problematik, dass die Flotte nicht homogen war.

Ein letztes großes Revirement der Eignerverhältnisse stand 1988 an. Ofotens Dampskibsselskab aus Narvik kaufte die Mehrheit an Vesteraalens Dampskibsselskab, seinerzeit von Richard With gegründet. Zumindest etwas blieb erhalten, hinter der Abkürzung OVDS steckt der lange, aus beiden Gesellschaften zusammengefügte Name Ofotens og Vesteraalens Dampskibsselskab. Selbst die altmodische Schreibweise mit »aa« anstelle des neueren »å« in Vesterålen wurde beibehalten, eine kleine Hommage an die Gründerzeit.

Sonnenbad im August auf der Höhe von Tromsø. Auf der windgeschützten Seite ist es fast zu warm.

Die Trollfjord *zieht ihres Weges durch den Raftsund. Die Aussicht lockt die meisten Gäste auf das große Panoramadeck.*

Das Lofoten-Museum in Kabelvåg zeigt, wie man früher auf den Inseln lebte und fischte (rechte Seite).

NORDLYS
TROMSØ

Wenn ein Hurtigruten-Schiff die hohe Brücke bei Stokmarknes passiert, halten die Autofahrer an, um das elegante Schiff von oben zu betrachten. Hier ist die Nordlys *südgehend unterwegs.*

Weniger gut erging es Nordenfjeldske aus Trondheim: Die Reederei war im Zuge von Börsenspekulationen aufgekauft und zerschlagen worden. Die letzten beiden verbliebenen Schiffe wurden von TFDS in Tromsø übernommen. Damit war Hurtigruten zum ersten Mal in seiner Geschichte komplett in den Händen der Nordnorweger. Die Entscheidungen werden seitdem in Narvik (OVDS) und in Tromsø (TFDS) gefällt. 2002 scheiterte eine Fusion der beiden letzten Hurtigruten-Reedereien. Immerhin prägten im Laufe der Geschichte neun Reedereien das Gesicht der Express-Linie entlang der norwegischen Küste.

Die Neubauten der achtziger Jahre verfügten nur über 190 Betten. Das erwies sich schnell als viel zu wenig. Bereits nach fünf Jahren wurde die *Midnatsol* 1988 in Bremerhaven

umgebaut. Die Bettenkapazität stieg auf 320 Kojen, aber schöner wurde das Schiff dadurch nicht. Die beiden Schwesterschiffe folgten. Als die Regierung aufgrund der hohen Staatszuschüsse wieder damit drohte, die Strecke zu verkürzen, rechneten die Reedereien vor, dass eine Routenführung ab Bodø fast so teuer sei wie die komplette Strecke ab Bergen. Lieber wolle man in neue Tonnage investieren, die den Bedürfnissen von Touristen gerecht werde.
Der Plan wird bis heute in Norwegen als dreist bezeichnet, und es schwingt Bewunderung dabei mit: Neue, größere Schiffe sollten gebaut werden, mit einem Standard, der sich weniger an praktischen Fährschiffen, sondern vielmehr an Kreuzfahrtschiffen orientiert. Und die nordnorwegischen Reedereien setzten ihre Pläne durch. Die ersten drei Schiffe wurden bei der Volkswerft in Stralsund in Auftrag gegeben, weil sie durch Zuschüsse für den Aufbau Ost den besten Preis bieten konnte.

Am Kai von Honningsvåg werden an improvisierten Ständen Rentierfelle, Geweihe und Souvenirs feilgeboten.

Nett anzusehen, aber nur bedingt als Mitbringsel geeignet: Samische Hose auf dem Nordkap-Plateau und Stockfisch auf dem Markt von Tromsø.

In Tromsø warten schon die Busse für die Stadtrundfahrt auf die Hurtigruten-Gäste.

Eine alte Dame verkauft in Havøysund während der Schiffsliegezeit ihre Strickwaren am Gartenzaun.

Die Rorbuer von Mortsund auf den Lofoten bieten viel Platz und eine großartige Szenerie.

Zahlreiche kleine Inseln und Schären liegen in der Passage von der Insel Tjøtta bis Sandnessjøen.

Den Walen so nah

Das mächtige Skelett eines Pottwals ist im Walzentrum von Andenes zu sehen.

Der Leuchtturm von Andenes steht auf der äußersten Spitze der Insel Andøya und ist weit über das offene Meer zu sehen (rechte Seite).

»Er bläst! Er bläst!« Nein, es wird keine Harpune in Anschlag gebracht, nur mit Kameras, Camcordern und Ferngläsern zielen die Gäste an Bord der *Andfjord* auf den Wal, der an Steuerbord auftaucht. Der graue Körper hebt sich kaum vom Wasser ab, zu erkennen ist der mächtige Säuger am Blasen: Das Wasser zerstäubt hoch über seinem Atemloch. Er holt Luft, die für die nächste halbe Stunde unter Wasser reichen wird. Erst im Abtauchen zeigt der Wal seine Fluke, wie die Biologen die Heckflosse des Wals nennen. Sie ist in markanter Weise gezackt, daran können die Fachleute jeden Wal identifizieren.
Andenes liegt am äußersten nordwestlichen Ende der Insel Andøya, die zu den Vesterålen zählt. Risøyhamn, wo einst Richard With als Kaufmann wirkte, bevor er Mitbegründer der Hurtigruten wurde, befindet sich am entgegengesetzten Ende von Andøya im Südosten. Dazwischen liegen rund hundert Kilometer Heidelandschaft, Moore und ein hoher Bergzug: Andøya ist eine große Insel.
Andenes verdankt seine Entstehung der Nähe zu den guten Fischgründen im Atlantik rund um die Lofoten und Vesterålen. Doch nicht nur die Fischerei spielte hier immer eine wichtige Rolle, sondern auch der Küstenwalfang.
Von Andenes fährt man nur etwa eine Stunde mit dem Schiff bis zum unterseeischen Rand des Festlandsockel, wo die tiefe See beginnt. Nirgendwo in Europa tauchen die Blau- und Zwergwale so nah der Küste auf. Manchmal sind auch die selteneren Finn- und Pottwale zu sehen. Da bot es sich an, von hier aus Schiffstouren mit interessierten Touristen durchzuführen. Seit 1988 gibt es die Walsafaris vor Andenes.
Am Anfang stand das Walfang-Moratorium, als der norwegische Staat nur eine kleine Fangquote zu wissenschaftlichen Zwecken erlaubte. Die nordnorwegischen Walfänger protestierten, sie sahen ihre Lebensgrundlage gefährdet – und fühlten sich im Recht. Sie haben immer den Unterschied zwischen dem Raubbau betreibenden industriellen Walfang und dem Küstenwalfang mit kleinen Schiffen betont, wie er vor den Lofoten und Vesterålen üblich war. Das Wissen der Walfänger machten sich die Organisatoren der Wal-

safari zunutze. 1988 gab es erste Testfahrten, damals noch mit einem ausrangierten Walfangschiff, das vorn noch seine Harpune trug. 1989 fing man mit dem regulären Betrieb während der Sommermonate mit ein paar hundert Gästen an. Inzwischen nehmen rund 15000 Touristen jedes Jahr die Möglichkeit wahr, Wale zu beobachten. Meist sind es mehr als zehn, die man zu Gesicht bekommt, drei bis vier kann man dabei ganz aus der Nähe mit empor gereckter Fluke sehen. Sollte ausnahmsweise einmal kein Wal auftauchen, bekommt man für die nächste Ausfahrt kostenlos eine zweite Chance. Das gesamte Arrangement dauert etwa fünf bis sechs Stunden. Dazu gehört zur Einstimmung eine sachkundige Führung von Biologen durch das Walzentrum an Land. Wer will, erhält kostenlos Tabletten gegen Seekrankheit. Man sollte sie nehmen, denn das Schiff schmiegt sich in die Wellen des Nordatlantiks. Soll heißen: Es rollt sanft durch die Dünung. Was von Land aus harmlos aussieht, fühlt sich an Bord eben doch anders an.

Auch wenn der Walfang inzwischen in kleinem Maßstab in Norwegen wieder erlaubt ist, in Andenes ist die Walsafari wirtschaftlich viel wichtiger geworden.15000 Besucher aus aller Welt in den Monaten Juni bis August, das ist viel für ein 800-Seelen-Dorf. Andenes hat sich verändert durch die Walsafari: Restaurants sind entstanden, das örtliche Hotel floriert, Pensionen, Privatzimmer und Ferienhäuser am Wasser werden angeboten. Aber auf der Speisekarte steht selbstverständlich Walfleisch, sogar eine Walpizza gibt es. Für die meisten Urlauber ist dies kein Gegensatz: Probieren wollen sie es auf jeden Fall. Ein Walsteak ähnelt in Farbe und Konsistenz Rindfleisch und schmeckt ganz leicht nach Leber. Serviert wird es mit einer dunklen Pfeffersauce und frischen Salzkartoffeln.

In der Hochsaison werden mit zwei Schiffen bis zu vier Walsafaris täglich angeboten .

Kameras klicken und Camcorder surren, wenn einer der großen Meeressäuger neben dem Schiff aus dem Meer auftaucht.

Die Fischkutter im Hafen von Andenes sind so klein, dass man ihnen eine Fahrt hinaus auf den Nordatlantik kaum zutraut.

Die Westküste der Insel Andøya ist rau und vom Wasser her schwer zugänglich. Deshalb ist sie nur sehr dünn besiedelt.

Die Vesterålen *ist eines von drei Schiffen, die Anfang der achtziger Jahre die ältesten traditionellen Schiffe ablösten.*

Zum hundertjährigen Jubiläum von Hurtigruten 1993 wurde mit der *Kong Harald* das erste Schiff der neuen Baureihe in Dienst gestellt. Was für ein Unterschied! Nicht nur die »traditionellen Schiffe« – so nannte man nun die Schiffe aus den Fünfzigern und Sechzigern – nein, selbst die drei Arbeitsschiffe aus den Achtzigern sehen klein aus neben der neuesten Generation.

Seit 1993 wurden alle traditionellen Schiffe ersetzt. Nur zwei von ihnen stehen noch in Diensten von TFDS und OVDS. Die bei Blohm & Voss in Hamburg gebaute *Nordstjernen* von 1956 tut rund um Spitzbergen Dienst, die *Lofoten* von 1964 dient im Winter als Ablöser, wenn die *Nordnorge* durch die chilenischen Fjorde kreuzt. Man sieht, die beiden Reedereien meinen es ernst mit ihrem touristischen Engagement. Das dritte Schiff, das Hurtigruten erhalten blieb, ist die *Finnmarken* von 1956, die ebenfalls bei Blohm & Voss gebaut wurde. Sie liegt als Museumsschiff auf dem Trockenen in Stokmarknes, wo sich das Hurtigruten-Museum befindet. Nebenan wurde »Hurtigrutens hus«, das Hurtigruten-Haus, gebaut – aufwändig und architektonisch anspruchsvoll. In ihm befindet sich das Museum, das einen Überblick über die Geschichte der Express-Linie gibt. Jeden Tag, wenn das südgehende Schiff anlegt, strömen die Touristen hinein. Wenn das der alte Richard With gewusst hätte, der hier in Stokmarknes die Grundlagen für Hurtigruten schuf!

Der Bau der jüngsten Schiffsgeneration wurde eine Erfolgsgeschichte, auch wenn manch ein Traditionalist den klassischen Hurtigruten-Schiffen der Sechziger nachweinen mag. Die Zahl der Reisenden stieg von 268000 im Jahr 1992 wieder auf knapp 500000 Gäste jährlich. Der norwegische Staat kann, wie vom Parlament gewünscht, die Zuschüsse für Hurtigruten reduzieren. Nur der Betrieb des Liniendienstes im Winter wird noch unterstützt, im Sommerhalbjahr tragen sich die Schiffe zum ersten Mal in ihrer Geschichte selbst.

Einen großen Teil zu den Einnahmen tragen Urlauber aus aller Welt bei, Deutsche, Briten, Italiener und Amerikaner lieben die Fahrt entlang der norwegischen Küste. Sie erleben, wie die Landschaft nach Norden hin immer karger wird, bis an Land keine Bäume mehr wachsen. Sie sehen, wie die Fracht verladen wird, sitzen zusammen mit der Lokalbevölkerung in den Salons. Und manchmal, wenn das Schiff in einem der Dörfer der Finnmark festmacht, liegt auf dem Kai sogar noch ein Postsack. Komfort hin, üppiges Buffet her – es sind eben doch noch Postdampfer.

Die 1964 erbaute Lofoten *ist das letzte traditionelle Schiff, das sporadisch auf den Hurtigruten als Ablöser zum Einsatz kommt.*

Bereits 1988 wurde die fünf Jahre zuvor in Dienst gestellte Vesterålen *grundlegend umgebaut. Die Zahl der Kabinen wurde erhöht, sodass statt 190 nun 316 Betten zur Verfügung stehen.*

Besonderes Kennzeichen der Finnmarken, *die 2002 ihren Dienst aufnahm, ist der Swimmingpool an Deck.*

Die Nordlys *gehört zu den ersten drei Schiffen der jüngsten Generation, die 1993/94 auf der Volkswerft in Stralsund entstanden.*

Die Trollfjord *bei ihrem Stapellauf im schwedischen Landskrona. Der Rumpf wurde anschließend nach Trondheim geschleppt, wo der Innenausbau stattfand.*

Die Midnatsol *ist seit Mai 2003 der Stolz von TFDS. Wie beim Schwesterschiff, der* Trollfjord, *erstreckt sich der großzügig verglaste Panorama-Salon über zwei Decks.*

Die Reise mit Hurtigruten Tag für Tag

Die Hansestadt Bergen ist der Anfangs- und Endpunkt einer Rundreise mit den Postschiffen der Hurtigruten. Nur in den allerersten Jahren begann die Strecke in Trondheim (rechte Seite).

Jeden Abend legt in Bergen ein Schiff der Hurtigruten-Flotte ab, am zwölften Tag erreicht es wieder den Ausgangshafen. Dazwischen liegen rund 2.500 Seemeilen, 34 Häfen und 65 Anläufe. Fast jeder Hafen wird sowohl auf der Hinreise nach Kirkenes wie auch auf der südgehenden Rückreise angelaufen. Die beiden Ausnahmen sind der Geirangerfjord und Vadsø ganz im Norden, wo nur auf der nordgehenden Fahrt ein Stopp eingelegt wird. Da die Schiffe rund um die Uhr unterwegs sind, liegen zwangsläufig einige Anläufe mitten in der Nacht. Wer die komplette Rundreise von Bergen nach Kirkenes und zurück bucht, verpasst keinen der Hafenorte: Wo nordgehend nachts festgemacht wird, trifft man südgehend tagsüber ein.

1. Tag

Bergen als Ausgangspunkt aller Hurtigruten-Schiffe seit 1914 ist mehr als nur eine kurze Stadtrundfahrt wert. Die größte Sehenswürdigkeit ist das ehemalige Hanse-Viertel mit seinen Holzhäusern und schmalen Gassen. Die ältesten Häuser stammen aus dem Jahr 1702, sechs von ihnen überstanden den letzten großen Stadtbrand 1955. Danach überlegte die Stadtverwaltung, ob die verbliebenen Gebäude nicht abgerissen werden sollten. Glücklicherweise hat man es sich anders überlegt, sonst wäre Bergen um eine wichtige Touristenattraktion ärmer. In einem der historischen Handelshäuser befindet sich das Hanse-Museum (Det Hanseatiske Museum). Hier kann man sehr anschaulich sehen, wie der Handel entlang der norwegischen Küste über Jahrhunderte funktionierte. Wer sich für maritime Geschichte interessiert, sollte sich auch das Seefahrtsmuseum anschauen. Einen Überblick über die ersten Seemeilen der Postschiff-Route hat man vom Hausberg Fløyen, der über eine Standseilbahn zu erreichen ist. Die Talstation liegt nur fünfzig Meter vom Fischmarkt am Hafenbecken Vågen entfernt. Von oben hat man einen schönen Blick auf die Inseln, die der Küste bei Bergen vorgelagert sind. Wenn genug Zeit ist, lohnt Troldhaugen, das Wohnhaus des Komponisten Edvard Grieg, einen Besuch. Beliebt sind die kleinen Konzerte, die in einem auf dem Gelände erbauten Konzertsaal angeboten werden.
Die Abfahrtszeit der Hurtigruten-Schiffe variiert je nach Jahreszeit: Im Sommer legen die Post-

Ab 1350 gab es in Bergen ein Kontor der Hanse.
Die deutschen Kaufleute wohnten in einem eigenen, abgeschlossenen Viertel am Hafen, das »Tyske Bryggen« genannt wurde. Was heute dort zu sehen ist, stammt in den ältesten Teilen aus dem Jahr 1702, die Bebauung aus der Hansezeit wurde durch Stadtbrände vernichtet.

dampfer früher am Abend ab, weil sie am zweiten Tag von Ålesund aus noch einen Abstecher in den Geirangerfjord machen. Im Winter erfolgt das Ablegen erst in den späten Abendstunden.

2. Tag

Von Florø, das nördlich der Mündung des Sognefjords liegt, bekommen die meisten Gäste nichts mit. Die Kleinstadt wird in den ganz frühen Morgenstunden angelaufen. Måløy und Torvik kommen – je nach Saison – zwischen Wachwerden und Frühstück in Sicht. Mehr als ein Anleger und ein paar Häuser sind nicht zu sehen. Es folgt Ålesund, die Jugendstilstadt. Durch einen Stadtbrand 1904 wurde Ålesund nahezu vollständig zerstört. Etwa tausend Häuser brannten nieder und 10000 Menschen wurden obdachlos.
Der deutsche Kaiser Wilhelm II. war ein Liebhaber Norwegens. Er reiste oft mit seiner Yacht *Hohenzollern* in den Norden und besuchte die Fjorde. Als er vom Schicksal Ålesunds erfuhr, spendete er Geld für den Wiederaufbau. Auf einem Stadtrundgang ist noch manch schönes Jugendstilhaus aus dieser Zeit zu sehen. Lohnenswert ist auch ein Besuch auf dem Hausberg Aksla. 418 Stufen sind es vom Zentrum hinauf auf den 189 Meter hohen Berg, von dem sich ein toller Panoramablick eröffnet.
Im Sommer machen die Hurtigruten-Schiffe nur kurz in Ålesund fest, um weiter in den Geirangerfjord zu fahren. Seit dem April 2000 ist dieser Abstecher fester Bestandteil des

Troldhaugen, das Haus des Komponisten Edvard Grieg (1843 – 1907), ist eines der beliebtesten Ausflugsziele vor den Toren Bergens.

Sommer-Fahrplans. So bekommen die Hurtigruten-Gäste auch einen der tiefen Fjorde aus der Nähe zu sehen. Das Übersetzen in die kleine Ortschaft Geiranger muss mit Tenderbooten erfolgen, weil es keinen Kai mit genügend Tiefgang gibt. Bei klarem Wetter sollte man am Landausflug auf den Berg Dalsnibba teilnehmen, der 1476 Meter hoch ist. Von oben hat man eine fantastische Aussicht auf den Fjord. Wenn die Wolken niedrig hängen, macht der Ausflug jedoch keinen Sinn.
Die Rosenstadt Molde wird durch den Abstecher zum Geirangerfjord im Sommer erst abends erreicht. In Molde findet jedes Jahr ein hochkarätig besetztes Jazz-Festival statt.

3. Tag

In Kristiansund wird mitten in der Nacht festgemacht, Trondheim ist dann zum Frühstück erreicht. Durch eine längere Liegezeit am Vormittag können hier die Sommer- und Winter-Fahrpläne angeglichen werden, die Abfahrt nach Norden ist immer um 12 Uhr mittags. Wenn man einen kleinen Spaziergang durch das wenig attraktive Hafengebiet auf sich nimmt, ist das Zentrum in zehn Minuten zu Fuß erreicht. Entlang des Flusses Nidelven stehen schöne Speicherhäuser. Sehenswert ist die 1861 erbaute hölzerne Klappbrücke Bybrua, die über den Fluss führt. Hat man sie erreicht, ist bereits der Nidarosdom zu sehen. Mit den Arbeiten wurde schon 1070 begonnen, als Trondheim noch die Hauptstadt Norwegens war. Fertiggestellt wurde der Dom jedoch erst 1869. Beim Auslaufen sollte man

Der Blick vom 1476 Meter hohen Berg Dalsnibba hinab auf den Geirangerfjord ist wahrlich spektakulär.

Der breite Trondheimsfjord ist ein beliebtes Revier für Freizeitboote.
Die Liegeplätze befinden sich nahe der Mündung des Flusses Nidelven.

noch einen Blick auf die Insel Munkholmen mit ihrer Festung werfen. Sie liegt an Steuerbord im breiten Fjord.
Am Abend ist Rørvik erreicht, zuvor wurde mit dem Stokksund eine enge, felsige Passage durchfahren. Durch einen weiteren Sund führt die Route unter der hohen Brücke hindurch, die Rørvik und die Insel Vikna mit dem Festland verbindet. Am Kai von Rørvik treffen sich wie bereits am Vormittag in Trondheim jeweils ein nord- und ein südgehendes Schiff.

4. Tag

In der Nacht werden Brønnøysund und Sandnessjøen angelaufen, am frühen Morgen ist Nesna das nächste Ziel. Wenn das Frühstück vorbei ist, kommt Ørnes in Sicht. Zuvor besteht im Sommer die Möglichkeit, einen Landausflug zum Gletscher Svartisen zu machen. Dazu müssen die Gäste in Grønøy in kleine Boote umsteigen, die zum Gletscher fahren. Die Gletscherzungen reichen fast hinab bis an den Fjord, ein imponierendes Bild. Zugestiegen wird erst wieder mittags in Bodø. Auf dem Landausflug wird noch der stärkste Gezeitenstrom Norwegens besucht, der Saltstraumen. Mit ungeheurer Kraft zwängt sich das Meerwasser beim Gezeitenwechsel durch die Meerenge. Wilde Strudel lassen das Wasser aussehen, als würde es kochen. Sowohl von der hohen Brücke als auch vom Ufer hat man einen guten Blick auf die starke Strömung. Von Bodø aus geht es über den breiten Vestfjord zu den Lofoten. Auf diesem Streckenabschnitt wurde traditionell das »Blaue Band der

Auch die neu gebauten Speicher am Trondheimer Hafen sind im alten Stil gehalten.

Den Marktfrauen und FischverkäuferInnen wurde am Hafen von Ålesund ein Denkmal gesetzt.

Hurtigruten« vergeben. So nannten die Kapitäne die schnellste Passage zwischen Bodø und Stamsund in Anlehnung an das echte »Blaue Band« für die schnellste Atlantik-Überquerung. So benötigte die *Prinsesse Ragnhild* 1931 auf einer ihrer ersten Fahrten nur 3 Stunden und 56 Minuten. Das ist der Zeitrahmen, den der Fahrplan auch heute noch für die Passage vorsieht!

Beeindruckend ist es, wenn die Lofotwand in Sicht kommt. Bis zu tausend Meter hoch steigen die Berge nahezu senkrecht aus dem Meer auf! An die Ufer klammern sich Fischerdörfer, deren Häuser auf Stelzen im Meer stehen. Sie werden Rorbu genannt. Seit dem 9. Jahrhundert ist für die Lofoten eine Saisonfischerei für den Zeitraum von Januar bis April nachgewiesen. Dann kommen die Dorsch-

Die Nordkapp *verlässt den mit Wolken verhangenen Trondheimsfjord. Das Schiff wurde 1996 in Norwegen gebaut.*

Zwei Stunden später und 50 Kilometer weiter nördlich zeigt sich das Wetter in Nord-Trøndelag von seiner schönsten Seite.

Rund 2500 Seemeilen legen die Postschiffe auf ihrer Rundreise nach Kirkenes zur russischen Grenze zurück, bis sie den Heimathafen Bergen wieder erreicht haben.

Die Nordkapp *hat soeben die Brücke zur Insel Vikna passiert und macht sich zum Anlegen in Rørvik bereit (rechte Seite).*

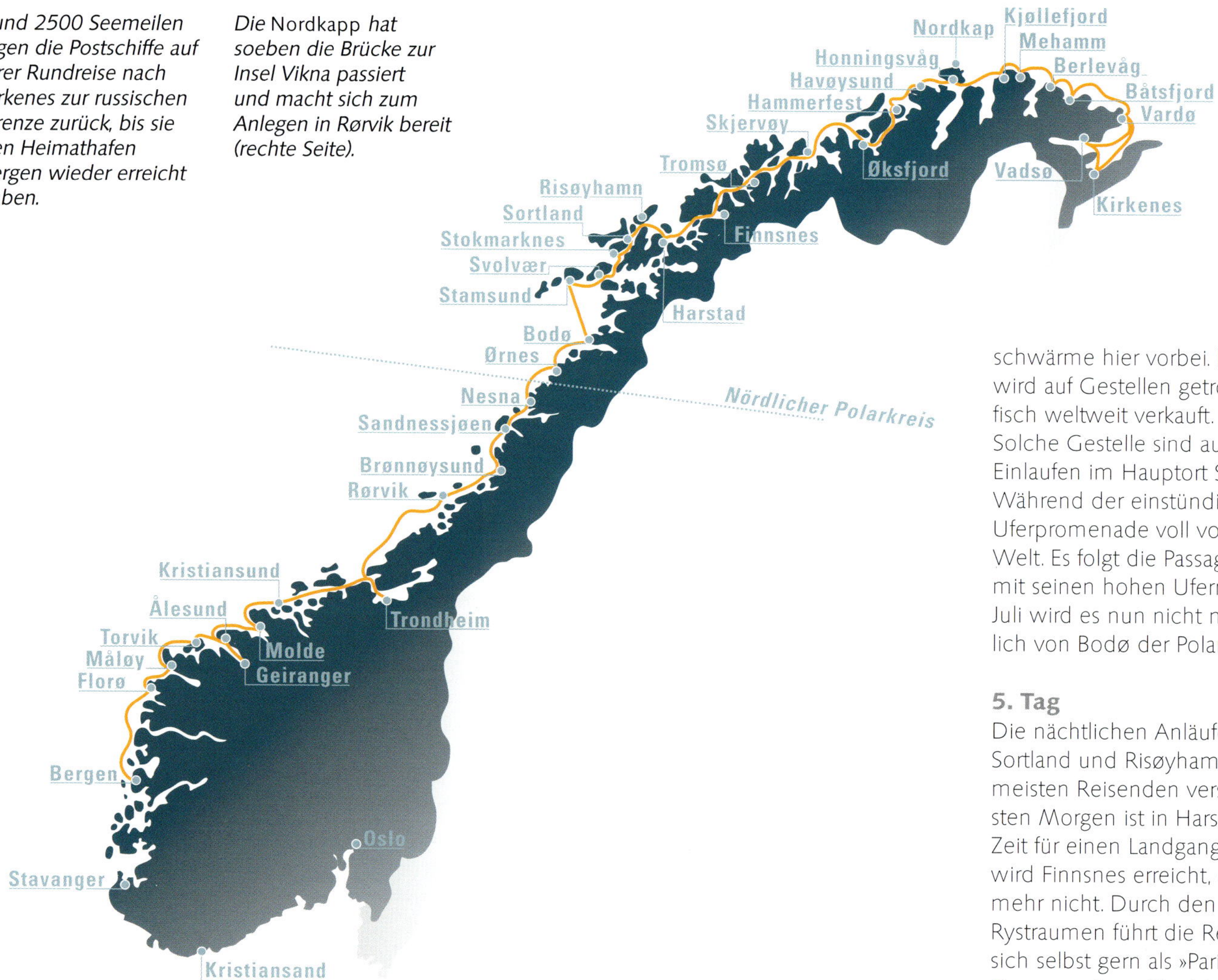

schwärme hier vorbei. Der gefangene Dorsch wird auf Gestellen getrocknet und als Stockfisch weltweit verkauft.
Solche Gestelle sind auch beim abendlichen Einlaufen im Hauptort Svolvaer zu sehen. Während der einstündigen Liegezeit ist die Uferpromenade voll von Touristen aus aller Welt. Es folgt die Passage durch den Raftsund mit seinen hohen Ufern. Zwischen Mai und Juli wird es nun nicht mehr dunkel, weil südlich von Bodø der Polarkreis überquert wurde.

5. Tag

Die nächtlichen Anläufe von Stokmarknes, Sortland und Risøyhamn werden von den meisten Reisenden verschlafen. Erst am nächsten Morgen ist in Harstad wieder ein wenig Zeit für einen Landgang. Noch vor dem Mittag wird Finnsnes erreicht, ein Dorf mit Anleger, mehr nicht. Durch den Gezeitenstrom Rystraumen führt die Reise nach Tromsø, das sich selbst gern als »Paris des Nordens« tituliert. Das mag etwas übertrieben sein, aber ihre

Das Wohnhaus des Heimatdichters Petter Dass auf der Insel Alsten bei Sandnessjøen steht als Museum für Besucher offen.

Die ständig wechselnden Wetterverhältnisse bringen immer wieder neue Lichtspiele auf dem Wasser hervor.

Wolkenspiele überbrücken die Wartezeit an einem Fähranleger in der Region Nordland (folgende Doppelseite).

Kleine Fähren wie diese bei Agskaret machen die Reichsstraße 17 an der Küste Nordlands durchgehend befahrbar.

Der Svartisen ist der zweitgrößte Gletscher Norwegens. Seine Zungen reichen bis hinab an den Holandsfjord.

Reize hat die Stadt sicher, in der fast alles »das Nördlichste« ist. Da wäre zum Beispiel die nördlichste Brauerei der Welt, die nördlichste Universität der Welt und so weiter. Tromsø ist eine lebensfrohe Stadt mit vielen Restaurants, Eckkneipen und Diskotheken.
Natürlich wird als Landausflug eine Fahrt hinüber zum anderen Ufer des Fjords zur Eismeer-Kathedrale angeboten, die durch ihre ungewöhnliche Architektur schon bei der Einfahrt ins Auge fällt. Das Schiff liegt vier Stunden am Kai, genug Zeit, um auch etwas auf eigene Faust zu unternehmen. Der Anleger liegt wunderbar zentral, man ist sofort mitten in der City der »letzten Großstadt vor dem Nordpol«. Immerhin ist Tromsø mit 55000 Einwohnern die sechstgrößte Stadt des Landes. Bei schönem Wetter lohnt eine Fahrt mit der Seilbahn auf den Storsteinen, der 420 Meter hoch ist. Die Talstation liegt in der Nähe der Eismeer-Kathedrale, man sollte ein Taxi oder den Bus benutzen. Ebensfalls sehenswert ist das Polarmuseum, denn Tromsø war Ausgangspunkt vieler wichtiger Polarexpeditionen. Nansen und Amundsen starteten manch eine ihrer Forschungsreisen in Tromsø.
Zum Abendessen ist das Postschiff wieder auf See. Kurz vor Mitternacht wird mit Skjervøy einer der Orte erreicht, für die Hurtigruten bis heute eine wichtige Verkehrsverbindung darstellt.

6. Tag

Øksfjord wird zu nachtschlafender Zeit angelaufen, am frühen Morgen ist dann Hammer-

Der Saltstraumen ist der stärkste Gezeitenstrom Norwegens. Mit jedem Gezeitenwechsel presst sich das Wasser durch die Meerenge und bildet wilde Strudel.

Sowohl vom Ufer als auch von der Brücke über den Saltstraumen hat man einen guten Blick auf das Naturspektakel.

fest der nächste Hafen. Von den Touristen auf Rundreise steigt kaum jemand aus für einen Morgenspaziergang, sie kommen auf dem Rückweg zu einer günstigeren Zeit erneut hierher. Die Vorfreude der meisten gilt dem Nordkap. Zuvor wird aber noch das Örtchen Havøysund besucht.
1974 haben die Hurtigruten-Schiffe zuletzt das Nordkap umrundet. Bis 1962 lagen sie sogar vor dem Fischerdorf Skarsvåg auf Reede, Tender schafften die Gäste an Land, die dort einen

steilen Fußmarsch hinauf zum Nordkap-Plateau in Kauf nehmen mussten. Das ging nicht immer gut, deshalb wurde der Anlauf in Skarsvåg 1962 aufgegeben. Seit der Ölkrise 1974 wird das Kap nicht mehr umrundet, Honningsvåg wird nun direkt durch den Magerøysund angelaufen. Busse bringen die Touristen zum Nordkap, wo die moderne Halle mit Cafeteria und einem fast gleich großen Souvenir-Shop auf zahlungswillige Gäste wartet. Wenn das Nordkap sich mal wieder in Nebelschwaden hüllt und den Ausblick auf das Nordmeer nicht frei gibt, bekommen die Besucher zumindest in der Video-Show einen Eindruck der kargen, baumlosen Landschaft auf der Insel Magerøya. Das heißt soviel wie »magere Insel«.
Am Abend stehen dann noch kurze Anläufe in Kjøllefjord, Mehamn und Båtsfjord auf dem Programm, wo man das Schiff aufgrund der kurzen Liegezeit besser nicht verlässt.

7. Tag

Vardø ist mitten in der Nacht erreicht, Vadsø dann zum Frühstück. Es wird nur auf der nordgehenden Route angelaufen, weil das Schiff sonst am Nachmittag desselben Tages schon wieder da wäre. Die einzige Sehenswürdigkeit des Ortes ist der Luftschiffmast, an dem sowohl der Zeppelin von Roald Amundsen als auch das Luftschiff seines italienischen Freundes Umberto Nobile in den zwanziger Jahren auf dem Weg gen Nordpol festmachten. Nordgehend ist nun eigentlich nicht mehr die richtige Bezeichnung, denn seit dem

Steil ragen die Lofoten wie eine Wand aus dem Meer. Fährt man mit dem Schiff auf die raue Inselgruppe zu, ist es kaum vorstellbar, dass zwischen Bergen und Meer noch Dörfer am Ufer liegen.

Nordkap bewegt sich das Schiff in südöstliche Richtung, bis es mit Kirkenes den Wendepunkt der Reise erreicht. Kirkenes liegt so weit östlich, dass es sich auf demselben Längengrad wie Istanbul befindet! Die West-Ost-Ausdehnung Norwegens ist vielen Reisenden nicht bewusst. Wie groß die Entfernungen im hohen Norden sind, sieht man am Ortsausgang: 1079 km bis Narvik steht auf dem Verkehrsschild.
Nach einem knapp dreistündigen Aufenthalt geht es zurück in Richtung Bergen. Am Nachmittag ist zunächst wieder Vardø erreicht. Jetzt hat man Zeit, sich die Festung anzuschauen. Bis zu diesem Grenzposten wurde im 17. und 18. Jahrhundert die Post von Trondheim aus mit Ruderbooten gebracht! Letzte Häfen des Tages sind erneut die Dörfer Båtsfjord und Berlevåg.

8. Tag

In der Nacht werden Mehamn und Kjøllefjord besucht, auch das Festmachen in Honningsvåg ist am frühen Morgen nur kurz. Ein Landausflug zum Nordkap wird trotzdem angeboten, der Bus bringt die Gäste dann nach Hammerfest zum Schiff zurück. Dass man den Anlauf in Havøysund dadurch verpasst, ist zu verschmerzen. Hammerfest ist keine schöne Stadt, die Fischerei prägt die Bucht. 1809 wurde Hammerfest während der napoleonischen Kriege von englischen Truppen geplündert, weil Dänemark-Norwegen mit den Franzosen verbündet war. 1890 vernichtet ein Großbrand die Holzhäuser der Stadt, und als letztes machten deutsche Truppen auf ihrem Rückzug 1944 Hammerfest dem Erdboden gleich. Die Taktik der »verbrannten Erde« wurde vor allem in der Region Finnmark konsequent angewendet: Insgesamt ebnete die deutsche Wehrmacht über zehntausend Häuser, alle Schulen, Kirchen und Krankenhäuser ein. Bis heute sind die Nachwirkungen dieser Barbarei zu sehen, historische Bauten sucht man in dieser Region vergebens, von ganz wenigen Ausnahmen abgesehen.
Øksfjord und Skervøy werden am Nachmittag und Abend erreicht, in Tromsø macht das Schiff erst kurz vor Mitternacht fest. In den Monaten Juni und Juli wird ein ganz besonderer Landausflug angeboten: Ein Konzert zu Mitternacht in der Eismeerkathedrale. Dank der Mitternachtssonne ist es dann natürlich noch hell!

Bei der Ortschaft Borg wurde nach archäologischen Ausgrabungen ein Häuptlingssitz aus der Wikingerzeit rekonstruiert.

Schon die Wikinger wussten den Fischreichtum des Meeres rund um die Lofoten zu schätzen, hier der Fischerhafen von Henningsvær.

Das pittoreske Fischerdorf Nusfjord auf den Lofoten wurde von der UNESCO zum Welterbe erklärt (linke Seite).

Die Trollfjord *trägt das schwarz-rot-weiße Band von TFDS am Schornstein, der in seiner geraden, runden Form bewusst an alte Linienschiffe erinnern soll.*

Auch wenn das Kielwasser der modernen Hurtigruten-Schiffe breiter geworden ist, so hat der Blick vom Heck doch nichts von seiner meditativen Kraft verloren.

Sortland ist der Hauptort der Vesterålen, am Kai liegt das Schiff, das nach der Inselgruppe benannt wurde.

Leuchtturm bei Bleik auf der Insel Andøya.

Abendstimmung im Langøysund bei Stokmarknes (vorhergehende Doppelseite).

Schon bei der Einfahrt nach Tromsø ist die Eismeerkathedrale am gegenüber liegenden Ufer zu erkennen.

Ein Kabelleger durchquert den fischreichen Rystraumen bei Tromsø (rechte Seite).

FJORDKABEL

9. Tag

In den frühen Morgenstunden wird Finnsnes angelaufen, Harstad folgt zur Frühstückszeit. Nun kann man die Vesterålen, die Heimat von Richard With, tagsüber genießen. Es folgt eine der schönsten Passagen der Fahrt mit Hurtigruten. Zuerst geht es durch die Risøyrenna nach Risøyhamn, es folgt Sortland, dann wird Stokmarknes erreicht. Hier besteht die Möglichkeit, das Hurtigruten-Museum gleich gegenüber dem Kai zu besuchen. Direkt neben dem Anleger liegt die alte *Finnmarken* an Land, auch sie kann besichtigt werden.
Von Stokmarknes kreuzt das Schiff hinüber zum engen Raftsund. Liegt man gut in der Zeit, macht der Kapitän noch einen Abstecher in den engen Trollfjord. Dieser im Vergleich zu den westnorwegischen Fjorden eher kurze Meeresarm wurde erst durch Hurtigruten zur Touristenattraktion. Am Abend besteht dann in Svolvaer erneut die Möglichkeit zum Landgang oder zu einer Busfahrt über die Lofoten bis Stamsund, dem nächsten Hafen.

10. Tag

Der zehnte Tag ist unspektakulär. Natürlich werden Häfen angelaufen, aber in Bodø geht man wegen der nächtlichen Uhrzeit nicht von

Dem Polarforscher Roald Amundsen wurde in Tromsø ein Denkmal gesetzt.

Im Rathaus von Hammerfest befindet sich der Eisbären-Club (oben).

Tromsø ist eine lebhafte Universitätsstadt und bekannt für ihre vielen Kneipen und Restaurants.

Die Postflagge weht weiter vom Heck der Hurtigruten-Schiffe, auch wenn die meiste Post heute per Flugzeug transportiert wird.

Hammerfest liegt bereits nördlich der Baumgrenze, die Berge sind kahl. Die Nordnorge *hat auf ihrem Weg nach Kirkenes frühmorgens am Kai festgemacht.*

JIM LENNART

Vor dem Polarmuseum in Tromsø sind verschiedene Boote und Harpunen für den Walfang zu besichtigen.

Das Rentier und das samische Zelt stehen als Blickfang für Touristen an der Straße zwischen Honningsvåg und dem Nordkap.

Honningsvåg hat sich vom Fischereihafen zu einem kleinen touristischen Zentrum gewandelt, seitdem hier die Landausflüge zum Nordkap beginnen (linke Seite).

Bord, in Ørnes und Nesna wegen der kurzen Liegezeit auch nicht. Sandnessjøen am Mittag ist keine Schönheit, und Brønnøysund, wo die norwegische Verkehrssünder-Kartei geführt wird, ebenfalls nicht. Nur der Berg Torghatten, den das Schiff anschließend passiert, ist etwas Besonderes: Er hat auf halber Höhe ein durchgehendes Loch. Am Abend trifft man in Rørvik auf das nordgehende Schiff.

11. Tag

Der Aufenthalt in Trondheim am Vormittag fällt kürzer aus als auf dem Hinweg. Es reicht aber immer noch für einen (frühen) Stadtbummel. In Kristiansund wird am Nachmittag festgemacht, Molde ist am Abend erreicht. Zu Mitternacht legt das Schiff dann in Ålesund an.

Das Nordkap zieht wie ein Magnet die Touristen aus aller Welt an. Es ist – allem Kommerz zum Trotz – ein erhabenes Gefühl zu wissen, dass man zu Lande dem Nordpol nicht näher kommen kann.

Steile Felswände säumen die Küste zwischen Kjøllefjord und Mehamn (rechte Seite).

12. Tag

Langsam heißt es Abschied nehmen. Bevor das Schiff am frühen Nachmittag Bergen erreicht, macht es noch in Torvik und Måløy fest. Måløy ist der einzige Hafen, der auf dem Hin- wie auf dem Rückweg nachts angelaufen wird. Florø kommt zum Frühstück in Sicht, dann heißt es Packen und sich auf das Ausschiffen in Bergen vorbereiten.

In der Einfahrt nach Vadsø liegt eine der größten Fischmehlfabriken Norwegens.

Die nach dem Gründer benannte Richard With *hat im winterlichen Kirkenes, dem Wendepunkt der Reise, festgemacht.*

NORSAT
RICHARD WITH

In der Einfahrt nach Kjøllefjord liegt eine eigenartige Felsformation, die wegen ihres Aussehens gern als »Samenkirche« bezeichnet wird.

Glossar

Kleine Übersetzungshilfen

Dampskibskonsulent – etwa: Dampfschiffbeauftragter
Fjell – Gebirge oder Bergzug
Klippfisk – ursprünglich auf Klippen getrockneter Fisch. Diese Methode wird nicht mehr angewendet.
Tørrfisk – Stockfisch ist Dorsch bzw. Kabeljau, der auf Gestellen aus Holz an der Luft getrocknet wird. Auf den Lofoten bis heute übliche Art der Konservierung.

Sprache

Das Norwegische kennt einige Sonderzeichen, die es im Deutschen nicht gibt.
ø = ö, æ = ä und å entspricht von der Aussprache her einem langen, offenen o wie in »Ofen«.
Die ältere Schreibweise für das å ist aa. Vesteraalen ist also die alte Schreibweise der Vesterålen. Gesprochen wird die Inselgruppe (eingedeutscht) »Westerohlen«.

Reedereien

An Hurtigruten waren seit 1893 neun Reedereien beteiligt. Verzeichnet sind hier nur die Reedereien, die über einen nennenswerten Zeitraum ein oder mehrere Schiffe für den Liniendienst stellten. Ablöse- und Ersatzschiffe sind nicht berücksichtigt.
Vesteraalen Dampskibsselskab, Stokmarknes: 1893–1987
Det Bergenske Dampskibsselskab, Bergen: 1894–1979
Det Nordenfjeldske Dampskibsselskab, Trondheim: 1895–1989
Det Stavangerske Dampskibsselskab, Stavanger: 1919–1978
Ofotens Dampskibsselskab, Narvik: 1936–1987
Det Nordlandske Dampskibsselskab, Bodø: 1945–1958
Finnmarks Fylkesrederi, Hammerfest: 1988–1996
Troms Fylkes Dampskibsselskab (TFDS), Tromsø: seit 1979
Ofoten og Vesteraalens Dampskibsselskab (OVDS), Narvik: seit 1988

Schiffsnamen

Trotz aller Wechsel bei den Reedereien, die Hurtigruten betreiben, gibt es Traditionsnamen, die seit den Gründerjahren in der Flotte vertreten sind. Die erste *Vesteraalen* wurde noch von Kapitän Richard With geführt, die heutige *Vesterålen* ist das dritte Schiff dieses Namens. Die erste *Midnatsol* wurde 1910 eingesetzt, die jüngste kam 2003 als viertes Schiff dieses Namens in Dienst. In der aktuellen Flotte gibt es nur drei Schiffe, deren Namen zum ersten Mal in der Geschichte von Hurtigruten auftauchen. Dies sind *Trollfjord*, *Nordkapp* und *Narvik*.
Verschwunden sind die Traditionsnamen der Nordenfjeldske Dampskibsselskab wie *Erling Jarl*, *Håkon Jarl*, *Ragnvald Jarl* und *Harald Jarl*.

Der Autor

Ralf Schröder
Journalist, Fotograf und Reisebuchautor; studierte Skandinavistik, Volkskunde und Politikwissenschaft in Kiel. Er ist spezialisiert auf die Themen Schifffahrt und Nordeuropa. Seit 1980 ist er regelmäßig in Skandinavien unterwegs und wurde als echtes »Nordlicht« 1958 in Glückstadt an der Elbe geboren.